BEI GRIN MACHT SICH IHR WISSEN BEZAHLT

- Wir veröffentlichen Ihre Hausarbeit,
  Bachelor- und Masterarbeit

- Ihr eigenes eBook und Buch -
  weltweit in allen wichtigen Shops

- Verdienen Sie an jedem Verkauf

Jetzt bei www.GRIN.com hochladen
und kostenlos publizieren

Bibliografische Information der Deutschen Nationalbibliothek:

Die Deutsche Bibliothek verzeichnet diese Publikation in der Deutschen National-
bibliografie; detaillierte bibliografische Daten sind im Internet über http://dnb.d-
nb.de/ abrufbar.

Dieses Werk sowie alle darin enthaltenen einzelnen Beiträge und Abbildungen
sind urheberrechtlich geschützt. Jede Verwertung, die nicht ausdrücklich vom
Urheberrechtsschutz zugelassen ist, bedarf der vorherigen Zustimmung des Verla-
ges. Das gilt insbesondere für Vervielfältigungen, Bearbeitungen, Übersetzungen,
Mikroverfilmungen, Auswertungen durch Datenbanken und für die Einspeicherung
und Verarbeitung in elektronische Systeme. Alle Rechte, auch die des auszugsweisen
Nachdrucks, der fotomechanischen Wiedergabe (einschließlich Mikrokopie) sowie
der Auswertung durch Datenbanken oder ähnliche Einrichtungen, vorbehalten.

Impressum:

Copyright © 2020 GRIN Verlag
Druck und Bindung: Books on Demand GmbH, Norderstedt Germany
ISBN: 9783346172273

Dieses Buch bei GRIN:

https://www.grin.com/document/595456

Anonym

Markterschließung eines Fitness-Unternehmens

GRIN Verlag

GRIN - Your knowledge has value

Der GRIN Verlag publiziert seit 1998 wissenschaftliche Arbeiten von Studenten, Hochschullehrern und anderen Akademikern als eBook und gedrucktes Buch. Die Verlagswebsite www.grin.com ist die ideale Plattform zur Veröffentlichung von Hausarbeiten, Abschlussarbeiten, wissenschaftlichen Aufsätzen, Dissertationen und Fachbüchern.

Besuchen Sie uns im Internet:

http://www.grin.com/

http://www.facebook.com/grincom

http://www.twitter.com/grin_com

Inhaltsverzeichnis

1 Preismanagement und Kooperation

Im Rahmen der Markterschließung des Fitness-Unternehmens Premium Health Ltd. in Deutschland soll eine geeignete Preisstruktur für die Mitgliedschaften ermittelt werden, um somit die Marketing- und Unternehmensziele zu erreichen. Diesbezüglich wird in den folgenden Kapiteln auf die Einflüsse von Kosten und Konkurrenz auf den Preis, die psychologischen Auswirkungen von diesem, die Preisdifferenzierung und die Preiselastizität der Nachfrage eingegangen.

1.1 Kostenorientierte Preisbildung

Bei der kostenorientierten Preisbildung wird sich an den betriebsindividuellen Kosten des Unternehmens orientiert, um diese mit der geplanten Absatzmenge zu decken.

Variable Kosten: 1,50€ (netto)/ Mitglied
Fixe Kosten: 850.000€ (netto) pro Jahr
Erwarteter Absatz: 2.400 Mitglieder

Daraus ergeben sich pro Kunde folgende Kosten:
Kosten pro Kunde= variable Kosten + fixe Kosten pro Jahr/ Absatzmenge
Kosten pro Kunde= 14,50€+850.000€ pro Jahr/2.400
Kosten pro Kunde= 368,66€ pro Jahr/ 12 Monate
Kosten pro Kunde= 30,72€ pro Monat (netto)

Um neben der Kostendeckung noch Gewinne zu erzielen, wird ein Gewinnzuschlag hinzuaddiert. Dieser liegt bei 15%.

Gewinnzuschlag= 30,72€*0,15=4,60€
Preis mit Gewinnaufschlag= 30,72€+4,60€=35,32€ (netto)
Monatsbeitrag inkl. Mehrwertsteuer: 35,32€*1,19=42,03€ (brutto)

Der Brutto-Monatsbeitrag pro Mitglied beträgt nach dem kostenorientierten Ansatz auf Basis des Zuschlagverfahrens 42,03€. Dabei macht das Unternehmen bei einem Absatz von 2.400 Mitgliedern einen monatlichen Gewinn von 4,60€ pro Mitglied.

1.2 Konkurrenzorientierte Preisbildung

Für eine konkurrenzorientierte Preisbildung dient die Orientierung an den Preisen von Mitbewerbern als Grundlage. Unterschieden wird dabei einerseits in die Preisbildung durch die Orientierung an Marktpreisen, anderseits in die Preisbildung durch öffentliche Ausschreibungen.

Durch eine neu entstandene Konkurrenz-Situation, bei welcher ein gleich positionierter Mitbewerber den Monatsbeitrag einer Mitgliedschaft in der Premium Health Ltd. um fünf bis zehn Euro unterbietet, muss sich nun an diesen Marktpreisen orientiert werden.

Der Fitnessmarkt ist polypolitisch, welches bedeutet, dass es zwar eine hohe Anzahl an Anbietern, jedoch auch eine hohe Anzahl an Nachfragern gibt. Größere Preisspannen kommen aufgrund der variierenden Qualitätsausprägungen und Zusatzleistungen vor, für welche der Kunde auch bereit ist, verschiedene Preise zu zahlen.

Aufgrund der hohen Service- und Dienstleistungsorientierung der Premium Health Ldt. ist von einer Preissenkung abzusehen. Aus der Kundesicht könnte dies auch eine Einbuße hinsichtlich der Qualität bedeuten. Vielmehr sollte eine Qualitätsführerschaft angestrebt werden, durch welche der Kunde bereit ist, höhere Preise als bei den Konkurrenten zu zahlen. Somit sollte der Preis vorerst beibehalten werden.

1.3 Psychologische Auswirkungen des Preises/ Preisdifferenzierung

Im Rahmen der Preisdifferenzierung wurde über ein Sondertarif für Schüler und Senioren nachgedacht, bei welchem der Preis weit unterhalb des bisher kalkulierten Preises liegt. Es handelt sich somit um die personelle Preisdifferenzierung.

Durch den vergünstigten Preis könnte die Zielgruppe erweitert und somit das Marktpotential besser ausgeschöpft werden. Der günstige Tarif ermöglicht mehr Personen, sich eine Mitgliedschaft leisten zu können, weshalb auch die Auslastung des Studios erhöht werden könnte. Derartige „Knüller-Angebote" werden von den jeweiligen Zielgruppen oftmals häufig untereinander kommuniziert und weitergetragen, sodass weitere Kunden gelockt werden. Eine hohe Mitgliederzahl mit diesem Tarif kann die vorersten Verluste durch die Preissenkung rechtfertigen.

Allerdings gibt der Preis für viele Kunden Aussage über die Qualität, sodass dieser der hohen Qualität des Studios gerecht werden sollte, um diese dem Käufer zu vermitteln. Eine Absenkung des Preises könnte dabei die Kunden, welche auf höhere Standards, guten Service und qualitativ höhere Anlagen Wert legen irritieren und das Gegenteil vermitteln. Oftmals spielen auch Senioren, welche einen hohen Wert auf eine gute Betreuung legen in diese Zielgruppe hinein. Ein höherer Preis hingegen stellt das angebotene Produkt als etwas Besonderes dar (Kotler & Bliemel, 2006, S. 848). Somit sollte weiterhin die Qualitätsführerschaft angestrebt werden, um sich auf dem Markt für Interessenten, die sehr service- und dienstleistungsorientiert sind eindeutiger zu positionieren.

Statt der personellen Preisdifferenzierung könnte jedoch nach Produktvarianten differenziert werden. So könnte es statt eines Sondertarifs für Schüler ein Abonnement geben, in dem nicht alle Leistungen enthalten sind, weshalb der Preis auch geringer ist als. Dies wäre für jeden zugänglich. Allerdings sollte dann der Nutzen aller Leistungen noch besser an die Interessenten kommuniziert werden, damit die Hauptzielgruppe weiterhin das gesamte Angebot nutzt und zahlt.

Weiterhin könnte im Rahmen der Erschließung des deutschen Marktes die räumliche Preisdifferenzierung in Betracht gezogen werden. Dabei werden die Preise den jeweiligen Einkommen und Konkurrenzsituationen der Gebiete angepasst. So könnten standortabhängig unterschiedliche, jeweils für die Region passende Preise aufgestellt werden.

1.4 Preiselastizität der Nachfrage

Um zu wissen, wie sich eine Preiserhöhung auf die Nachfrage auswirkt wird nun die Preiselastizität errechnet. Diese gibt die relative Änderung der nachgefragten Menge bei einer Preisänderung an (Dunker, 2006, S.44).

Die Preiselastizität der Nachfrage (ε) berechnet sich mit folgender Formel:

(ε) = (Änderung der Menge in %)/ (Änderung des Preises in %)

Bei einer Preiserhöhung des Monatsbeitrags von 54,99€ auf 60,99€ wird ein Rückgang von 2.200 Mitgliedern auf 2.000 Mitglieder erwartet.

Δ (Menge)   = ((N (neu)-N (alt))/N(alt))*100 = ((2000-2200)/2200)*100
                    = -9,09%

Δ (Preis)   = ((P (neu)- P (alt))/P (alt))*100 = ((60,99€- 54,99€)/54,99€*100
                    = 10,91%

Bei einer Erhöhung des Preises um 10,91% wird ein Rückgang der Mitglieder von 9,09% erwartet. Daraus ergibt sich nun die Preiselastizität:

$(\varepsilon)= -9,09\% / 10,91\% = -0,83$

Die Elastizität der Nachfrage ist $|-0,83| < 1$ und somit unelastisch. Daraus lässt sich schließen, dass die Preiserhöhung nur eine geringe Änderung des Mitgliederstands bewirkt und sich für das Unternehmen rentieren würde.

2   Strategische Analysemethoden

Um das Unternehmensangebot für die eher jüngere und technikaffine Zielgruppe zu erweitern, wird im Rahmen der Digitalisierung über die Entwicklung einer auf das Unternehmen zugeschnittenen Fitness-App nachgedacht. Im Folgenden wird zunächst eine strategische Analyse für das Unternehmen Freeletics GmbH durchgeführt, um sich einen tieferen Einblick in diesen Markt zu verschaffen. Dafür werden verschiedene Analysemethoden angewandt.

2.1 Five-Forces-Modell

Die Five Forces nach Porter haben Einfluss auf die Rentabilität und damit auf die Marktattraktivität einer Branche. Die Wettbewerbskräfte bestehen aus Verhandlungsstärke der Lieferanten, Bedrohung durch neue Anbieter, Verhandlungsstärker der Abnehmer, Bedrohung durch Ersatzprodukte und die Rivalität der Mitbewerber (Bea & Haas, 2013, S.99).
Die folgende Tabelle zeigt die fünf Wettbewerbskräfte, die auf das Unternehmen Freeletics GmbH einwirken.

Tab. 1: Five-Forces-Modell für das Unternehmen freeletics (modifiziert nach Porter, 2000, S.29, eigene Darstellung)

Wettbewerbskraft	Begründung
Potenzielle Mitbewerber	Durch die Digitalisierung können heutzutage immer mehr Unternehmen insb. auch Fitnessanbieter mit bereits großem Kundenstamm eigene Apps entwickeln. Die Identifikation der Kunden mit diesen ist durch die bereits aufgebaute Marke größer, weshalb freeletics sich durch die Produkte und das Marketing stark von den anderen abheben muss. Der Wettbewerbsdruck ist sehr hoch.
Zulieferer	Für die Entwicklung einer App werden IT-Spezialisten benötigt, welche auf dem Markt sehr gefragt sind. Um den Arbeitsplatz für diese attraktiv zu halten, sind Anhebungen der Löhne nicht auszuschließen. Des Weiteren muss die App über eine Plattform an den Kunden gebracht werden können, für welche Gebühren anfallen. Wenn diese erhöht werden, kann sich dieses ebenfalls auf den Preis mitauswirken.

Wettbewerbskraft	Begründung
Ersatzprodukte	Es gibt immer mehr Möglichkeiten online auf Trainingsvideos zugreifen zu können, welche das Coaching per App ersetzen können. Vor Allem soziale Medien wie YouTube vertreiben diese kostenlos. Außerdem gibt es auch immer mehr kostengünstige Heimtrainer, die dem Kunden einen Besuch im Fitnessstudio ersparen sollen. Denkbar wären auch Fortschritte der Pharmakologie, die Produkte auf den Markt bringen könnte, welche die gleiche Wirkung erzielen könnte, wie regelmäßiges Fitnesstraining. Auch hier muss freeletics sich deutlich von den konkurrierenden Ersatzprodukten abgrenzen können.
Abnehmer	Die Verhandlungsstärke der Abnehmer ist hoch, da der Kunde durch die hohe Anzahl der Konkurrenten und Ersatzprodukte jederzeit die Möglichkeit hat, sich für ein anderes Produkt zu entscheiden und zu wechseln. Zudem ist das Durchhaltevermögen entscheidend, um ein Abonnement in der App erneut kostenpflichtig zu verlängern. Freeletics muss also den besonderen Nutzen der App vermitteln, um eine bessere Kundenbindung zu erhalten.
Rivalität	Im Rahmen der Digitalisierung wächst auch der Anteil der Online-Anbieter und Apps in der Fitnessbranche. Viele Anbieter unterscheiden sich dabei kaum in der Umsetzung und Anwendung der Funktionen. Wettbewerbsvorteile werden sich dabei vor Allem durch die Kostenführerschaft gesichert. Die günstigen Preise der Mitwerber können zu einer geringeren Kundenanzahl bei freeletics führen.

2.2 Durchführung einer SWOT-Analyse

Die SWOT-Analyse besteht aus der Ressourcenanalyse und aus der Analyse der Umwelt des Unternehmens. Dabei steht SWOT für Strength (Stärken), Weakness (Schwächen), Opportunities (Chancen) und Threats (Risiken) (Kotler, Keller & Opresnik, 2015, S 62f.). In der folgenden Tabelle wird die Ressourcenanalyse des Unternehmens Freeletics GmbH dargestellt.

Tab. 2: Ressourcenanalyse der Freeletics GmbH (eigene Darstellung)

Stärken	Schwächen
Die Mitgliedschaft ist mit 79,99€/ Jahr wesentlich preiswerter als ein Fitnessstudio (Maciej, 2015).	Die Übungsausführung wird nicht von Trainern kontrolliert, wodurch das Verletzungsrisiko der App steigt und für Anfänger weniger geeignet ist.
Das Produktportfolio ist sehr vielfältig mit bspw. Freeletics Bodyweight, Freeletics Running, Freeletics Gym oder Freeletics Nutrition (Freeletics GmbH, 2019).	Die emotionale Bindung der Kunden ist durch den ausbleibenden persönlichen Kontakt wesentlich geringer, als in herkömmlichen Fitnessstudios.
Das Unternehmen zeigt ein starkes Wachstum auf. So lag 2014 (ein Jahr nach der Gründung) die Mitgliederzahl bei 1 Mio., 2016 bei 10 Mio. und im Dezember 2018 bei 34 Mio (Freeletics GmbH, 2019).	Bei der Auswahl der Übungen gibt es wenig Individualität. Vor Allem Kunden mit Vorerkrankungen können nicht alle Übungen machen.

Als weiterer Schritt wird nun das Umfeld des Unternehmens analysiert. Die nachstehende Tabelle zeigt Chancen und Risiken der Freeletics GmbH.

Tab. 3: Analyse des Unternehmensumfelds der Freeetics GmbH (eigene Darstellung)

Chancen	Risiken
Die Absatzstärke des Smartphone-Marktes steigt weiterhin von 1,37 Mrd./ Jahr auf prognostizierte 1,49 Mrd./ Jahr, wodurch auch die Zahl der potenziellen Kunden weiter steigt (Tenzer, 2019).	Mögliche Ersatzprodukte durch Pharmakologie, durch welche Menschen die gleichen Ziele erreichen, aber auch die plastische Chirurgie, welche möglicherweise preistechnisch für jeden zugänglich wird, stellen ein Risiko für den Fitnessmarkt dar. Fitnesstraining könnte für viele Menschen überflüssig werden.
56% der Menschen gaben an, noch nie eine App für die Überwachung der Gesundheit und Fitness zu überwachen. Damit ist das Marktpotential noch lange nicht ausgeschöpft (Brandt, 2016.)	Hoher Wettbewerbsdruck entsteht sowohl durch andere Anbieter wie bspw. Runtastic, aber auch durch ähnliche preisliche Positionierung der Discount-Studios (bspw. Highfive).
Das Gesundheitsbewusstsein der Menschen in Deutschland nimmt weiter zu. 2015 waren es 19,53 Mio. Menschen, die auf die Gesundheit achteten, 2019 bereits 20,71 Mio. (Pawlik, 2019).	Durch ständige Entwicklung des Fitnessmarktes und neue „Trends", kann Freeletics für Konsumenten schnell wieder uninteressant werden. Das Unternehmen sollte mit der Zeit gehen und sich Trends anpassen.

2.3 Erstellung einer SWOT-Matrix

Mithilfe der Stärken und Schwächen sollen die Risiken abgewendet und die Chancen genutzt werden. Hierzu wird in der nächsten Tabelle eine SWOT-Matrix aufgestellt, in welcher Strategien dazu aufgezeigt werden.

Tab. 4: SWOT-Matrix in Bezug auf Freeletics GmbH (eigene Darstellung)

	Chance (Opportunities)	Risiko (Threats)
Stärken (Strengh)	- durch den weiteren Ausbau des Produktportfolios verschiedenste Interessen der Kunden decken, damit das freie Marktpotential genutzt werden kann sich Kunden für Freeletics entscheiden - starkes Wachstum des Unternehmens nutzen, um Personen, welche anfangen sich für Fitness und Gesundheit zu interessieren zu gewinnen (bspw. durch Mitglieder-Werben-Mitglieder-Aktionen)	- durch breites Produktportfolio den Kunden Spaß bieten, damit Fitness nicht nur ein Mittel zum Zweck, sondern ein Erlebnis und Hobby wird und Ersatzprodukte nicht bevorzugt werden - starkes Wachstum des Unternehmens nutzen und durch gute Kundenbindung (Mitteilung zur Motivation, Dokumenation der Trainingsergebnisse, aufbauende Trainingspläne) Kunden erhalten, selbst wenn diese Kunde in einem anderen Studio werden sollten
Schwächen (Weakness)	- Trainingspläne durch vorherige Anamnesefragen individueller gestalten und auf Krankheitsbilder anpassen, um sich gesundheitsorientierter zu präsentieren und der Nachfrage des wachsenden Kundenanteils mit hohem Gesundheitsbewusstsein gerecht zu werden - Bessere emotionale Bindung schaffen, um Personen ohne bisherigen Kontakt zu Fitness-Apps zu gewinnen (bspw. Event-Marketing, Promo in Einkaufs- und Elektogeschäften)	- Mögliche Kooperationen mit Fitnessstudios, um die persönliche Betreuung zu gewährleisten, jedoch weiterhin für Trainingsplanerstellung verantwortlich sein, und sich somit der Konkurrenz stärker gegenüber zu stellen - Durch individuelleres Eingehen auf die Kundenwünsche und Krankheitsbilder vermitteln, dass es kein „allgemeines Wundermittel" gibt, sondern an allem Stück für Stück und aufeinander abgestimmt gearbeitet werden muss

2.4 BCG-Portfolio und Produktlebenszyklus

Fitness-Apps weisen mit deutschlandweit 17,00 Mio. Nutzern im Vergleich zu 11,09 Mio. Mitgliedern in Fitnessstudios (DSSV, 2019) einen hohen Marktanteil auf. Auch die Wachstumsrate ist sehr hoch. Somit sind die Fitness-Apps in der BCG-Matrix bei den „Stars" einzuordnen. Es sollte weiterhin in Fitness-Apps investiert werden, um das Wachstum weiterhin zu fördern und den Marktanteil weiter zu erhöhen, auch später von diesen als „Cash-Cows" zu profitieren.

Betrachtet man den Produktlebenszyklus, den jedes Unternehmen oder Produkt durchläuft, befindet sich die Freeletics GmbH in der Wachstumsphase. Die Entwicklungsphase haben sie 2013 abgeschlossen. Die Einführungsphase fand in den darauffolgenden Jahren statt. Bis zum Jahr 2016 gewannen sie 10 Mio. Mitglieder, welches sie bis 2017 auf 20 Mio., bis 2018 sogar auf 34 Mio. steigern konnten. Durch steigendes Gesundheitsbewusstsein der Bevölkerung und Digitalisierung ist weiteres Wachstum zu erwarten. Es gilt nun, den Marktanteil weiter auszubauen und sich gegen die Konkurrenz durchzusetzen.

Ein Unterschied zu dem idealtypischen Produktlebenszyklus ist der vorzeitige Relaunch, welcher noch in der Wachstumsphase durch Modifikation der Anwendung stattfindet. Somit wird die Sättigung der Zielgruppe nicht erreicht, welches durch das erst aufkommende Gesundheitsbewusstsein noch verstärkt wird.

2.5 Fazit

Fitness-Apps stellen auf dem Fitnessmarkt eine große Konkurrenz dar, da sie wesentlich preiswerter als die Mitgliedschaften in Studios sind und leicht in das alltägliche Leben integriert werden können. Für das Unternehmen wäre es sinnvoll, eine eigene App zu entwickeln, welche auf das Unternehmen zugeschnitten ist, um die technikaffinen Kunden noch besser zu unterstützen und zu binden. Möglicherweise könnten die von dem Trainier erstellten Trainingspläne per App umgesetzt werden. Der Vorteil dabei wäre, dass die bei den Online-Anbietern stark kritisierte fehlende persönliche Betreuung und Fehlerkorrektur dennoch umgesetzt werden kann und auch die Erstellung eines Trainingsplans individuell vor Ort stattfindet. Ergänzend zu dem Training könnten auch Ernährungspläne über die App gestaltet werden und das Essverhalten der Kunden dementsprechend dokumentiert werden. Dadurch hebt sich das Unternehmen von anderen Fitness-studios ab, weil der Kunde dies noch mehr in sein alltägliches Leben intergiert und somit auch eine stärkere Bindung zu diesem aufbaut.

3 Corporate Identitiy, Digitalisierung und integrierte Kommunikation

In diesem Kapitel soll geklärt werden, in wie weit die Corporate Identity und die integrierte Kommunikation auch hinsichtlich der Digitalisierung für eine Kommunikationsstrategie eingesetzt werden sollten, um die Zielgruppe des Unternehmens SUPPmart wieder anzusprechen du den Umsatzeinbüßen des Unternehmens entgegenzuwirken.

3.1 Analyse eines Best-Practice-Beispiels

Um zu sehen, wie eine erfolgreiche Kommunikation stattfinden kann, wird im Folgenden zunächst mithilfe des Best-Practice-Beispiels FRoSTA auf die Corporate Identity und integrative Kommunikation eingegangen.

3.1.1 Corporate Identity

Die Corporate Identity (CI) kann als ganzheitliches Kommunikationsinstrument des Unternehmens mit integrativem Charakter, welches den Orientierungsrahmen für sämtliche Kommunikationsinstrumente und –prozesse vorgibt, gesehen werden (Homburg, 2012, S. 821). Sie ist die strategisch geplante und operativ eingesetzte Selbstdarstellung und Verhaltensweise eines Unternehmens nach innen und außen (Birkigt & Stadler, 2002, S. 20 ff.; Meffert & Burmann, 1996, S. 23 ff.). Die CI setzt sich aus dem Corporate Design, der Corporate Communication und dem Corporate Behavior zusammen. Weiter wird diese auch durch den Sprachstil, der Unternehmenskultur und den Werten des Unternehmens vermittelt.

Die CI sollte immer wieder vom Unternehmen kontrolliert werden, da sie dieses repräsentiert. Gegebenenfalls muss die CI auch neu ausgerichtet werden. Gründe dafür können ein veraltetes Erscheinungsbild, welches gerade im Rahmen der Digitalisierung modern gestaltet werden sollte oder ein bisheriges negatives Markenimage sein. Aber auch andere Unternehmen können Änderungen der CI erforderlich machen, um sich von der Konkurrenz besser abzugrenzen oder um fälsche Assoziationen des Kunden mit dem Unternehmen zu verhindern. Die Umorientierung der Kunden spielt dabei ebenfalls eine wichtige Rolle.

Das Unternehmen FroStA begann 2001 die CI zu verändern. Mit dem selbstauferlegtem Reinheitsgebot begann das Unternehmen mit einer neuen Devise: Frische Zutaten, Keine Zusätze, transparente Herkunft. Damit änderte sich zunächst die Corporate Philosophy. 2003 wurde damit begonnen, diese neue Devise zu kommunizieren. Mit einem TV-Spot im Jahr 2004 wird durch die Erklärung des Reinheitsgebots Aufklärung vermittelt, welches für FRoSTA eine neue Art der Kommunikation darstellt. Diese Veränderung betrifft die Corporate Communication. Mit der Einführung des FRoSTA-Blogs veränderte sich zusätzlich das Corporate Bahaviour. Die Mitarbeiter zeigen Einblick in die Produktion und geben Kunden eine direkte Plattform, Kritik zu äußern und aktuelle Themen des Unternehmens zu diskutieren. Mit der weiteren Entwicklung passte sich auch das Corporate Design an. So änderte sich u.a. 2003 das Logo des Unternehmens geringfügig in der Farbauswahl, wodurch die Verbindung mit der Natur zwar unterstrichen wurde, das alte Logo jedoch immer noch zu erkennen war.

3.1.2 Digitalisierung und integrierte Kommunikation

Unter integrierter Kommunikation versteht man die inhaltliche und formale Abstimmung aller Marktkommunikationsmaßnahmen, um die durch diese Kommunikation geschaffenen Eindrücke zu vereinheitlichen und zu verstärken. Dabei sollen sich die durch die Kommunikationsmittel hervorgerufenen Wirkungen unterstützen (Esch, 2019, S.914). FRoSTA schaffte durch Transparenz Vertrauen der alten und neunen Kunden. Diese Transparenz findet sich immer in dem Unternehmen und Produkten wieder. Zunächst durch eine transparente Zutatendeklaration, weiter mit einem Blog für Einblicke in die Produktion, dem freiwilligen Abdruck der Lebensmittel-Ampel und dem Abdruck der Herkunftsländer. Schließlich wurden die Mauern des größten Unternehmenswerkes durch eine Glasfront ersetzt, um so auch die Fischproduktion transparent zu zeigen und damit durch die Architektur Vertrauen zu schaffen. Unterstrichen wurde die Botschaft der FRoSTA AG durch die Gestaltung der Verpackungen und der Art der Produktion. Dabei wird stets auf Nachhaltigkeit geachtet. So stellte das Unternehmen im Jahr 2011 auf Grünstrom um und achtet bei den Verpackungen auf nachhaltiges Material, bspw. Verpackungen aus Papier.

Im Rahmen der Digitalisierung sollte jedoch auch beachtet werden, dass für die Sicherstellung einer erfolgreichen integrierten Kommunikation der gesamte Customer Journey sowohl offline als auch online bedacht werden muss. Schwierig ist es für Unternehmen dabei, aus all den Reizen der Nutzer herauszustechen. Dabei reicht die einfache Präsentation des Produktes kaum noch. Storytelling stellt dabei eine gute Methode dar, um die Aufmerksamkeit der Kunden zu erhalten und in deren Gedächtnis zu bleiben. Durch die große Vielfalt der Kommunikationsmöglichkeiten wird es für das Unternehmen schwieriger, ein einheitliches Bild und ein klares Markenimage zu schaffen. Zudem ist die Gefahr eines schlechten Images durch negative Bewertungen oder „Shitstorms", welche eine höhere Reichweite haben als offline, größer.

Eine Änderung der Kommunikationsstrategie des Unternehmens FRoSTA, bei welcher sich älteren Bestandskunden über die Website, jüngeren hingegen als Lifestyle-Marke auf sozialen Medien präsentiert wird, weist die Chance auf, besser auf die jeweiligen Zielgruppen eingehen zu können und sie somit durch auf sie abgestimmte Werbung zu überzeugen. Durch mehr Individualität in der Werbung je Zielgruppe können sich die angesprochenen Personen besser identifizieren und die emotionale Bindung zu dem Unternehmen ist größer. Um ein einheitliches, klares Markenimage zu behalten, sollte jedoch der Fokus immer auf dem Ganzen statt auf einzelnen Maßnahmen liegen. Die präferierte Nutzung der verschiedenen Kanäle kann sich zwar zwischen den Zielgruppen unterschieden, jedoch gibt es immer Schnittstellen, durch welche dann das klare Bild der Marke für den Kunden verfallen würde.

3.2 Kommunikationsstrategie

Mehr Transparenz und das Hinweisen auf Fakten bezüglich der Inhalte und Produktion können helfen, das Markenimage der Firma SUPPmart zu verändern. Da das Unternehmen bereits den Anforderungen der Zielgruppe gerecht wird, sollte dies nun durch die CI vermittelt werden. Dabei spielen vor Allem die Corporate Communication und das Corporate Design eine große Rolle. Am Beispiel FRoSTAs konnte man erkennen, dass der einheitliche Auftritt eines Unternehmens eine klare Positionierung schafft, durch welche Kunden Vertrauen und Bindung schaffen können. Vor allem die Digitalisierung spielt hier in der Kommunikation eine große Rolle, da Produkte nur online erworben werden können. Die Kunden sollten sich an das Produkt erinnern und eine emotionale Bindung erschaffen. Eine geeignete Methode hierfür wäre das Storytelling. So kann über das Unternehmen und dessen Zukunft informiert werden und eine Gefühle in der Zielgruppe auslösen, weshalb die Identifikation mit dem Unternehmen und dessen Produkte steigt.

4 Marktfeldstrategien

Um im Rahmen der strategischen Planung Leistungen auf Märkte zu bringen, werden Produktstrategien benötigt. Zur Entwicklung dieser Strategien dient die Produkt-Markt-Matrix nach Ansoff als Instrument, welches vier Basisstrategien vorgibt, nach denen Das Verhalten des Unternehmens gerichtet wird. Dabei wird unterschieden, ob die Leistungen bereits von dem Unternehmen erbracht werden oder neu sind und ob der jeweilige Markt dafür für das Unternehmen bereits besteht oder ebenfalls neu ist.

Die folgende Tabelle zeigt die vier Basisstrategien und ordnet diese den Märkten und Leistungen zu.

Tab. 5: Produkt-Markt-Matrix nach Ansoff (eigene Darstellung, modifiziert nach Meffert, Burmann et al., 2015, S. 254 und Weis, 2012, S, 160)

Märkte / Leistungen	bestehende	Neue
bestehende	Markdurchdringung - Marktbesetzung - Marktverdrängung	Marktentwicklung - Internationalisierung - Marktsegmentierung
neue	Produktentwicklung - Produktinnovation - Produktdifferenzierung	Diversifikation - vertikale - horizontale - laterale

Hinsichtlich der Expansion des Unternehmens SUPPmart findet durch die neue Kommunikationsmethode sowie der neuen CI und mit dem einhergehenden Kundenrückgewinn sowie der Gewinnung neuer Kunden dieser Zielgruppe eine Marktdurchdringung statt. Die Produkte bestehen bereits und werden für die bisherige Zielgruppe neu vermarktet. Für die Marktentwicklung könnte an eine Internationalisierung gedacht werden. Mit den bereits bestehenden Produkten könnten neue Märkte erschlossen werden, in dem der Online-Shop des Unternehmens auch in Fremdsprachen abrufbar ist und auch in anderen Ländern vermarktet wird. Aber auch die Marktsegmentierung kann in Betracht gezogen werden, indem spezielle Zielgruppen mit den Produkten angesprochen. Dabei könnten die Supplements als speziell für Frauen oder Senioren ausgeschildert sein. Ebenfalls können Kooperationen bei der Expansion helfen, indem bspw. Riegel und Eiweißpulver als Zusatz in Cafés vertrieben werden und somit eine neue Zielgruppe ansprechen.

Im Sinne der Produktentwicklung könnten die Supplements vegan hergestellt werden, da mittlerweile immer mehr Menschen, denen die Gesundheit wichtig ist auch Wert auf eine vegane Lebensweise legen. Somit würde das Produkt für den gleichen Markt weiter entwickelt werden.

Als letzte Wachstumsstrategie wird die Diversifikation in Betracht gezogen. Dabei werden neue Produkte oder Leistungen auf neue Märkte gebracht. Das Unternehmen SUPP-mart könnte dabei nicht nur den Vertrieb, sondern auch die Herstellung der Produkte, sowie die Herstellung der Verpackungen übernehmen. Dabei spricht man von einer vertikalen Diversifikation.

5 Literaturverzeichnis

Bea, F. X. & Haas, J. (2013). *Strategisches Management* (Grundwissen der Ökonomik: Betriebswirtschaftslehre, 6., vollständig überarbeitete Aufl.). Stuttgart: Lucius & Lucius.

Birkigt, K. & Stadler, M. M. (Hrsg.). (2002). *Corporate Identity. Grundlagen, Funktionen, Fallbeispiele* (11., überarbeitete und aktualisierte Aufl.). München: Verlag Moderne Industrie.

Brandt, M. (2016). *Smarte Fitness.* Zugriff am 30.01.2020 von https://de.statista.com/in fografik/6222/smarte-fitness-tracker-und-apps/

Dunker, M. (2006). *Marketing* (Das @Kompendium, 2. Aufl.). Rinteln: Merkur.

DSSV e. V., (2019). *Eckdaten 2019.* Zugriff am 01.02.2020 auf https://www.dssv.de/presse/statistik/deutscher-fitnessmarkt/

Esch, F.-R. (2019). Aufbau starker Marken durch integrierte Kommunikation. In F.-R. Esch (Hrsg.), *Handbuch Markenführung* (S. 909–938). Wiesbaden: Springer Gabler.

Freeletics GmbH (2019) *Presskit.* Zugriff am 29.01.2020 auf https://www.freele tics.com/en/press/wp-content/uploads/sites/24/2019/03/Freeletics_Press Kit_DE_v5_small.pdf

Homburg, C. (2012). *Marketingmanagement. Strategie - Instrumente - Umsetzung – Unternehmensführung* (4., überarbeitete u. erw. Aufl. 2012). Wiesbaden: Springer Gabler.

Kotler, P. & Bliemel, F. (2006). *Marketing-Management. Analyse, Planung und Verwirklichung* (10., überarbeitete und aktualisierte Aufl.). München: Pearson.

Kotler, P., Keller, K. L. & Opresnik, M. O. (2015). *Marketing-Management. Konzepte – Instrumente - Unternehmensfallstudien* (Pearson Studium - Economic BWL, 14., aktualisierte Auflage). Hallbergmoos: Pearson.

Maciej, M. (2015). *Freeletics: Kosten und Preise für App und Coach.* Zugriff am 30.01. 2020 von https://www.giga.de/apps/freeletics/tipps/freeletics-kosten-und-preise-fuer-app-und-coach/

Meffert, H. & Burmann, C. (1996). *Identitätsorientierte Markenführung - Grundlagen für das Management von Markenportfolios.* (Arbeitspapiere Nr. 100). Münster: Wissenschafltliche Gesellschaft für Marketing und Unternehmensfürhung e V.

Meffert, H., Burmann, C. & Kirchgeorg, M. (Hrsg.). (2015). *Marketing. Grundlagen marktorientierter Unternehmensführung Konzepte - Instrumente - Praxisbeispiele* (12. überarbeitete u. aktualisierte Aufl. 2014). Wiesbaden: Springer Gabler.

Pawlik, V. (2019). *Umfrage in Deutschland zum Gesundheitsbewusstsein bis 201.* Zugriff am 30.01.2020 von https://de.statista.com/statistik/daten/studie/272609/umfrage/gesundheit-anzahl-der-gesundheitsbewussten-in-deutschland/

Porter, M. E. (2000). *Wettbewerbsvorteile. Spitzenleistungen erreichen und behaupten* (6. Aufl.). Frankfurt: Campus.

Tenzer, F. (2019). *Statistiken zu Smartphones.* Zugriff am 31.01.2020 von https://de.statista.com/themen/581/smartphones/

Weis, H. C. (2012). *Marketing* (Kompendium der praktischen Betriebswirtschaft, 16., verbesserte und aktualisierte Auflage). Herne, Westf: NWB.

6   Tabellenverzeichnis

BEI GRIN MACHT SICH IHR WISSEN BEZAHLT

- Wir veröffentlichen Ihre Hausarbeit,
  Bachelor- und Masterarbeit

- Ihr eigenes eBook und Buch -
  weltweit in allen wichtigen Shops

- Verdienen Sie an jedem Verkauf

Jetzt bei www.GRIN.com hochladen und kostenlos publizieren